Колыбельные дочкам и мамам

Vladarg Delsat

Published by VH4061, 2023.

КОЛЫБЕЛЬНЫЕ ДОЧКАМ И МАМАМ

First edition. February 1, 2023.

Copyright © 2023 Vladarg Delsat.

ISBN: 979-8223381617

Written by Vladarg Delsat.

Содержание

Посвящается любимым дочерям Анне-Марии и Луизе-Марии, и, конечно же, самой любимой на свете жене Елене

Колыбельная любимой

Спи, любимая, пусть твой сон
Будет теплым, и нежным, и светлым,
И пусть ангелы в унисон
Пропоют над сна миром заветным.
И улыбкой волшебной своей,
Ярким солнцем мой мир озаряешь,
И душою, твоей и моей,
Силы Зла ты навек усмиряешь.
В моих снах вижу я лишь твои
Радость, счастье, улыбку такую,
Что теряю я мысли свои,
По глазам твоим ясным тоскую...
Утро снова придет в этот мир,
Принеся в него счастье и радость,
И проснется любимый кумир,
И исчезнет сна нежная сладость.

«Желтая луна за окном висит...»

Желтая луна
За окном висит,
Звездочка одна
Сном нас искусит,
Засыпай скорей
Маленькая дочь,
Пусть тебя щедрей
Награждает ночь,
Ее дар тебе
Мир счастливых грез,
Места нет борьбе,
И не знают слез,
Счастья целый мир,
Доченьке одной,
И шепнет зефир:
«Спи, цветочек мой».
Утро нам несет
Солнышка лучи,
Радость принесет,
Улыбнись в ночи...
Сладких, сладких снов,
Глазки закрывай...
И от нежных слов -
Баю-баю-бай...

Спи, любимая

Спи, любимая, сладким сном,

Все заснуло давно кругом,

Дочки спят, кошка спит, только ты не спишь,

Ляг, поспи, что же ты себя не щадишь.

Спи, любимая, засыпай,

Я спою тебе "баю-бай",

Глазки мягко сомкнув, поскорей усни,

Надо спать, а не выглядеть панде сродни.

Спи, любимая, сладким сном,

Все заснуло давно кругом,

Спи, любимая, засыпай,

Я спою тебе "баю-бай".

Спи, моя звездочка

Доченька любимая,
Звездочка моя,
Засыпай, родимая,
Шепну тихо я,
Пусть над твоей спаленкой,
Звездочка горит,
Девочки сны маленькой,
Пусть она хранит...
Утро разгорается,
За твоим окном,
Нежно прикасается,
Солнышко лучом.
День приходит радостный,
Он такой, как ты,
Яркий, жизнерадостный,
Полный красоты.
Снова ночь опустится,
На зеленый луг,
Сказка снова спустится,
И заснет все вдруг.

Закатная песня

Уж закат позолотит окошко,
Засыпают и мышка, и кошка,
И тебе спать пора,
Спи, усни до утра. (2р)
Ты заснешь и к тебе постучится,
И дракон, и волшебная птица,
Проплывут клипера,
Спи, усни до утра. (2р)
Засыпай же, дочурка, скорее,
День прошел и ты стала мудрее,
Утром будешь бодра,
Спи, усни до утра. (2р)

Спи, дитя мое

Спи дитя мое, сладко спи, засыпай,
Папа тихо споет тебе "баю-бай",
Лунный зайчик играет в твоих волосах,
Звезды весело скачут в ночных небесах.
Сказок мир в сон твой входит вприпрыжку,
Раскрывая волшебную книжку,
Там дракоша, лошадка и киса,
Собирают цветочки ириса.
Спи дитя мое, сладко спи, засыпай,
Папа тихо споет тебе "баю-бай",
Лунный зайчик играет в твоих волосах,
Звезды весело скачут в ночных небесах.
А еще там живет рыцарь добрый,
Что подарит тебе пирог сдобный,
А ты тихо сопишь, улыбаясь,
Одеялком своим согреваясь...
Спи дитя мое, сладко спи, засыпай,
Папа тихо споет тебе "баю-бай",
Лунный зайчик играет в твоих волосах,
Звезды весело скачут в ночных небесах.

«Сон волшебным коконом...»

Сон волшебным коконом
Укрывает дочь,
По прекрасным локонам,
Тьмой струится ночь.
Дочка, глазки закрывай,
Улыбнись и спи,
С песней тихой "баю-бай",
Утро торопи.
Сказка в сон к тебе придет,
Волшебством горя,
Грусть и скуку украдет,
Магию творя.
Дочка, глазки закрывай,
Тебя заждались,
Баю-баю-баю-бай,
Звезды родились...
Спи, малютка, сладким сном,
Мама тоже спит,
Даже папу за столом,
Сказка усыпит.

«Ночь наступает и время нам спать...»

Ночь наступает и время нам спать,

Что ж ты, малышка, скорее в кровать,

Солнышко спит, травка спит и цветы,

Глазки закрой, засыпай тихо ты...

Рядом с кроваткой присядет отец,

Сказок волшебных он признанный чтец,

Ты засыпаешь под голос его,

Снятся красивые сны оттого.

Доченька, дочка, скорей засыпай,

Папа споет тебе баюшки-бай,

Тучки заснули и звездочки спят,

Сказки дочурку мою усыпят...

Любимой женщине

Пусть мотив сей вовсе не нов,
Спи, любимая, сладких снов,
Пусть увидишь ты счастья мир,
Нежный и сладкий, как зефир,
Пусть в нем будет много чудес,
Эльфы, гномы, сказочный лес,
Полон мир любви и добра,
И к тебе ластятся ветра.
И ты спишь, улыбаясь во сне,
От улыбки твоей тепло мне,
Песню тихо тебе допою,
Спи, жизнь моя, баюшки-баю...

Тебе давно уж спать пора

За горизонт уходит день,
Пижамку поскорей надень,
Мне улыбнись, не будь хмура,
Тебе давно уж спать пора.
Читаю сказку я тебе,
О доброте и о волшбе,
Освещена Луной гора,
Тебе давно уж спать пора.
Скорее засыпай, малыш,
Спит и лисичка, спит и мышь,
Ты слышишь, спит вся детвора,
Тебе давно уж спать пора.
А завтра солнышко придет,
Играть и прыгать позовет,
Закончена сейчас игра,
Тебе давно уж спать пора.

Забудь свои страхи, малышка

Забудь свои страхи, малышка,

В кроватке своей засыпай,

Пусть в клетке шуршит чем-то мышка,

Спи, доченька, спи, баю-бай.

Со шкафа таращатся сонно,

Игрушки и куклы твои,

Не надо смотреть напряженно,

Закрой, дочка, глазки свои.

Ночь снова на мир наступает,

Сон детям послав в тишине,

Спокойно дитя засыпает,

Оставив страх где-то во вне.

Ночь пришла

Ночь пришла и вокруг стало тише,
Детям время пришло засыпать,
В сон со сказкой не терпится Мыше,
Распахнула объятья кровать.
Сон тебе принесет облегченье,
Солнца доброго ловишь лучи,
Он приблизит твое излеченье...
Пульсоксиметр мерцает в ночи...
Снова доченьке плохо бывает,
Снова сердце ей спать не дает,
Пусть о боли она забывает,
Пусть скорее сердечко пройдет.
Это время скорей пусть проходит,
Пусть скорее болезни пройдут...
Ночь закончилась, солнце восходит,
Сонный голос: "ну пап, пять минут"...

В заколдованной пещере

В заколдованной пещере,
Папин шеф спит крепким сном.
Мы работу в шифоньере
Запираем колуном.
Запираем "дочь, я занят",
Запираем "не сейчас",
Пусть никто не хулиганит,
Ведь приходит сказки час.
Лишь для доченьки любимой,
Зазвучит сейчас рассказ,
С силой что неутомимой,
В сон утягивает нас.
Засыпают куклы, звери,
Сны волшебные не ждут,
Закрываем окна, двери,
Пусть все беды пропадут.
Засыпай, моя малышка,
Глазки карие смыкай,
Видишь, спать уходит мышка,
Мама скажет: "баю-бай".

Звездочка ясная

Спи, моя звездочка, спи, моя ясная,

Сном наливаются глазки прекрасные,

Сказку расскажет твой папа сейчас,

Глазки закрой, засыпай сей же час.

Вот над рекою летает дракон,

Сказочный, добрый и ласковый он,

Рыцарь в железе на подвиги скачет,

А там крестьянин в речке рыбачит,

Принцесса красивая к рыцарю рвется,

То замуж ей, видимо, очень неймется,

А солнышко смотрит на шалости эти,

Для солнышка все они - просто лишь дети,

И маленькой доченьке спать уж пора,

Спи сладко, родная моя, до утра.

«Солнце садится...»

Солнце садится
Надо ложиться
Всем нам в кровать.
Маленькой дочке,
Фее в цветочке,
Время уж спать.
Сон укрывает,
Песня играет,
Спи, дочка, спи.
Сказка приходит,
И тепло входит,
Нас усыпи...
Спи же, дочурка,
Я дремлю чутко,
Твой сон храню,
Сонное царство,
Твое богатство,
Песнь сочиню...
Время приходит,
Беды уходят,
Ты крепко спишь,
Мышка уснула,
Глазки сомкнула,
Спи же, малыш.

«Тьма драконом на дом наползает...»

Тьма драконом на дом наползает,

Гаснут яркого солнца лучи,

Сон волшебный в квартиру влетает,

Сказкой он обернется в ночи.

И конек-горбунок будет мчаться,

По холмам и дорогам лесным,

Чтоб ты с чудом смогла повстречаться,

Поболтать с духом рек водяным.

Замер мир в ожидании чуда,

Надо глазки закрыть, баю-бай,

Спят в шкафу кукла, мишка, посуда,

Сказка шепчет: "скорей засыпай".

Лунный свет

Лунный свет ласкает дочь,
Сказку нам приносит ночь,
Сон прекрасный к нам спешит,
Волшебство для нас вершит.
Мир твой полон доброты,
Нет в нем лжи и клеветы,
Ангел дочку охранит,
От болезней и обид,
От опасностей и зла...
Пусть не тронет ее мгла,
Тьма пускай страшится дочь,
Злобный дух несется прочь...
Рядом сяду и спою,
Колыбельную свою,
Спи, моя малютка-дочь,
Пусть же будет доброй ночь.
Пусть качает тебя сон,
Злые мысли гонит вон,
Спи спокойно, не грустя,
Засыпай, мое дитя...

Маленький ангел

Спи, мой ангел маленький,
Глазки закрывай.
Спи, цветочек аленький,
Баю-баю-бай.
Спи, родная доченька,
Спать пришла пора,
Сон приносит ноченька,
Сладкий, до утра.
Спи, дитя прекрасное,
Сказка уже ждет,
Солнце скрылось красное,
Ночь к тебе идет.
Шепчет нежно мамочка:
"Дочка, засыпай",
Ждет во сне русалочка...
Баю-баю-бай.

Колыбельная для Мышки

День прошел и ночь спустилась,
Месяц на небо взошел,
Ты играла и училась,
Сказки час к тебе пришел.
Умывайся, чисти зубки,
И в кроватку поскорей,
И не дуй капризно губки:
Время спать для всех детей.
Колыбельные для Мышки,
Не устану я писать,
Будь спокойным, сон малышки,
Доченька, пора в кровать!

«За окном поет свирель...»

За окном поет свирель,
Стелет ночь тебе постель,
Разбежалась детвора,
Спать давно тебе пора.
Ждет постель, погаснет свет,
Сказок мир шепнет "привет",
Засыпай, малышка-дочь,
Пусть спокойной будет ночь.
Будет сладок детский сон,
Добр, волшебен будет он,
Свет гаси и засыпай,
Спи спокойно, баю-бай...

Героическая

Луна ступает величаво,
Пришла ее пора,
Тебе пора в постельку, право,
Спать надо до утра.
Устала ты и мы устали,
Был долог летний день,
Вот ночь пришла и сны, что ждали
Тебя и ночи тень.
Закрой глаза, вздохни и слушай:
"...Однажды, теплым днем..."
На пир слетай, с эльфями кушай,
Беду гони огнем,
Пускай тебе не будет страшно,
Спокоен будет сон,
Со злом любым сразись отважно,
И погрози вдогон.
Спи сладко, юное созданье,
Спи, доченька моя,
Твое спокойное дыханье,
Так радует меня.

Сон пришел к тебе

Сон пришел к тебе, малышка,

Засыпает верный мишка,

Сказка ждет детей,

Спит бельчонок, спит зайчишка,

Засыпает даже книжка,

Спать иди скорей.

За окном луна сияет,

Облака спать разгоняет,

Дочка, засыпай,

Там, во сне, дракон гуляет,

И терпение теряет,

Баю-баю-бай.

Глазки сомкнуты, уснула,

В сон стремительно впорхнула,

Спит малышка-дочь,

Сказка теплотой пахнула,

Нежно к девочке прильнула,

Прославляя ночь.

«День прошел, настала ночь...»

День прошел, настала ночь,
Засыпает моя дочь,
Глазки слиплись, сон пришел,
Сказки кружево заплел.
Солнце село, лунный свет
Шлет ребеночку привет,
Спи, моя малютка-дочь,
Злые сны прогоним прочь.
Пусть тебе приснится сон,
Полным счастья будет он,
Улыбаясь, сладко спи,
Тихо носиком сопи.
Солнце утром вновь взойдет,
В дом к нам зайчиком войдет,
Спи спокойно, баю-бай,
Сладко-сладко засыпай.

Ночная песня

Мир вздохнул, отдыхать собираясь,

Уползло Солнце за горизонт,

Синева исчезает, стираясь,

Раскрывает Луна звездный зонт.

Звезды ярко и радостно светят,

Чтобы сказке дорогу открыть,

Где детишки добро, счастье встретят,

И мечту, что зовет в небо взмыть.

Засмеется дочурка счастливо,

Ветерок волосами ловя,

Сон подарит ей дивное диво,

За собою в мечту позовя.

Час пробил, время сказок настало,

Сны пришли, что же ты? Засыпай.

Вот слипаются глазки устало,

Сладко спи, дочь моя, баю-бай.

Засыпай...

"Засыпай" - голос нежен, чуть слышен,
День прошел и Луна светит нам,
Сон пришедший пусть будет возвышен,
Как волшебным положено снам.
Звуки ночи баюкают дочку,
Уплывает в мир сказок она,
Отдых ночь принесет ангелочку,
Чтоб была она днем шебутна.
Летней ночи волшебное пенье,
Дарит доченьке сказочный сон,
В звуки эти вплетется сопенье,
Гармоничный такой обертон.
Ночь пришла, сны тебя обнимают,
Свет погашен, пора, засыпай,
И читалку уже отнимают,
Сладких снов, баю-бай, баю-бай.

« Сказка начинается... »

Сказка начинается,

Книжка открывается,

Глазки закрывай скорей,

Маленькая доченька,

Глянь, пришла уж ноченька,

Спать пора для всех детей.

Вот уже дракоша спит,

Тихо он во сне сопит,

Сказка волшебством одарит,

Закрывай глаза скорей,

Сон давно ждет у дверей,

Радости картинки творит.

Спи дочурка, баю-бай,

Сонно глазки закрывай,

Время спать пришло уж давно,

Мама спит и папа спит,

Дождик ночку окропит,

За окошком очень темно.

На сон грядущий

Небо голубое стало черным,
В хороводе звезд кружит Луна,
Сказка ветерком подует сонным,
В грезы дочку унесет она.
Сон закроет миленькие глазки,
Отдыхать тебе пришла пора,
И придут к тебе из доброй сказки,
Леса эльфы, гномы-мастера.
Доброта украсит сон прекрасный,
Он поет свирелью: "засыпай",
"Сладких снов". Последний лучик красный,
Подмигнет дочурке, баю-бай.

«Солнце село, мазнув светом крыши...»

Солнце село, мазнув светом крыши,

Ночь пришла, зажигая огни,

Спать ложаться уже даже мыши,

В сон, что сказкой зовется, шагни.

Пусть дочурке моей сладко спится,

Утомил ее школьный денек,

Сон пускай добрый ей будет сниться,

Яркий, как на лугу василек.

Дочь уставшая глазки смыкает,

Наконец-то закончился день,

Ее будто на волнах качает,

И уносит в блаженную тень.

Завтра день школы двери откроет,

Но не думай о том, засыпай,

Пусть тебя тишиною укроет,

Спи, малышка моя, баю-бай.

Глазоньки закрой

Ночь пришла, спать пора,
Спи, ребенок мой,
Сладко спи, до утра,
Глазоньки закрой.
Сон пришел, твой добрый сон,
Дочка, засыпай,
Сказки мир откроет он,
Баю-баю-бай...
Ночь пришла, спать пора,
Спи, ребенок мой,
Сладко спи, до утра,
Глазоньки закрой.
Пусть приснятся облака,
В мире волшебства,
И молочная река,
Сказок торжества...
Ночь пришла, спать пора,
Спи, ребенок мой,
Сладко спи, до утра,
Глазоньки закрой.
Отдых нужен нам с тобой,
Солнышко зашло,
Месяц протрубил "отбой",
Время спать пришло.
Ночь пришла, спать пора,

Спи, ребенок мой,
Сладко спи, до утра,
Глазоньки закрой.

Волшебство сна

Солнышко садится,
Дочке спать пора,
Пусть всю ночь ей снится
Волшебства игра.
Пусть во сне промчится,
На коне верхом,
Пусть поет ей птица,
Сказочным стихом.
Звуки пусть струятся,
Ручейкам равны,
Звездочки слетятся,
В хоровод Луны.
Ночь приходит к мышке,
Скажет: "засыпай",
Мамочка малышке:
"Дочка, баю-бай"

Заболевшей доченьке

Глазки закрываются, я тебе спою,

Пусть болезнь не трогает доченьку мою,

Боль пускай отступится, пусть ребенок спит,

И сопливым носиком тихо засопит.

Так бывает, доченька, простудилась ты,

Солнышко за тучкою и грустят цветы,

Не кручинься, доченька, скоро все пройдет,

Вот увидишь сон и он боль прочь унесет.

Потому пора тебе глазки закрывать,

Ждет твоя подушечка, ждет тебя кровать,

Ждут во сне подружки, сказочный дракон,

И качнет малышеньку доброй сказки сон...

Засыпает доченька, ушко не боли,

Лучше ты дракончиком в сказке порули,

И болезнь отступится, дочка, засыпай,

Пусть поет Луна тебе: "баю-баю-бай".

Надо спать!

Говорите, пожалуйста, тише,
Ночь пришла и пора засыпать,
Маме, папе и маленькой Мыше,
Надо спать, надо спать, надо спать...
Дочка за день, конечно, устала,
И пришло время ей отдохнуть,
Сон откроет ей зево портала,
Мир волшебный и сказочный Путь.
Отдых - это важнейшее дело,
Ночь дана, чтоб поспать мы могли,
Отдыхает наш мозг, наше тело...
Засыпай поскорей, не шали!

Пусть тебя темнота не страшит

Мягкий свет заливает квартиру,

И темнеет уже за окном,

И игрушки стоят по ранжиру,

К сну готовится милый мой дом.

Бег минут приближает мгновенье,

Когда вновь к нам придет добрый сон,

И наполнит квартиру сопенье,

Ласков, радостен, мил будет он.

Глазки трет моя доченька сонно,

Сказка снова к ней в гости спешит,

"Спать пора", - замечаю резонно,

"Пусть тебя темнота не страшит".

Пусть приснится тебе мир прекрасный,

Полный счастья, любви, волшебства,

И Дракон, черный, но не ужасный,

Покрывалом зеленым трава...

Спи, ребенок мой, сладко, спокойно,

Скажем тихо тебе: "засыпай",

Пусть во сне тебе будет привольно,

Глазки сомкнуты, спишь, баю-бай...

Спи, родная, до утра

Вечер опускается на мир,
Свет зажегся в тишине квартир,
Детям засыпать пришла пора,
Спи и ты, родная, до утра.
Спи, к тебе придет веселый сон,
Ярок, ласков, весел будет он.
Укрывает сказкой мою дочь,
Добрая колдунья - тетя Ночь...
Глазки закрывай и засыпай,
Прошепчу тебе я "баю-бай",
Засыпать тебе пришла пора,
Сладко спи, родная, до утра.

Зимняя

Посмотри, ночь пришла незаметно,
Посмотри, сон приходит к тебе,
И ведет он тропою приметной,
К трем путям и волшебной трубе.
Видишь, дочка, тебя ждет дракоша,
Ему хочется в небе летать,
Дождь не страшен ему и пороша,
Хочешь с ним? Надо спать, надо спать...
Сказка, доча, тебя усыпила,
Сны прекрасные снятся в ночи,
И Луна небо зимнее сшила
Полотном звездно-черной парчи.
Гаснет свет в нашей теплой квартире,
Ночи время пришло, засыпай,
Сон играет на сказочной лире,
Спи, малышка, усни, баю-бай...

Спи же скорее, малыш

Солнышко село, птичка пропела:
"Спи же скорее, малыш",
Сделаешь завтра, что не успела,
Песенку эту услышь...
Ночь наступает, мир открывает,
Сказочный, сказочный мир,
Песней волшебной все согревает,
Дочку зовет он на пир.
Звери и птицы нас веселиться
Вместе со всеми зовут,
Добрый дракон тебе будет сниться,
Во сне, где сказки живут.
Дочь засыпает, ночь наступает,
Темная, темная ночь,
Месяц на стражу уж заступает,
Все беды он гонит прочь.

«Дочка, глазки закрыв, засопела...»

Дочка, глазки закрыв, засопела,
Значит время для сказки пришло,
За окном буря песню допела,
В небо месяц полез тяжело...
Лунный свет освещает квартиру,
Кошка тихо мурлычет во сне,
В сказке эльф опускает рапиру,
Закрепляя ее на ремне.
Солнце светит, и дочка смеется,
С эльфом вдоль по дороге идя,
Она к цели идет, не споткнется,
Не боясь ни ветров, ни дождя.
Она смело подходит к дракону,
Голос дочки, как звон ручейка,
Эльф подстелит ребенку попону,
Ведь драконяя шкура жестка.
В небе с доченькой феи играют,
И зовут: "с нами ты полетай",
Сны по сказки дороге шагают,
Спи, родная, усни, баю-бай...

«Ангелочек маленький...»

Ангелочек маленький,
Доченька моя,
Спи, цветочек аленький,
Кукла спит твоя.
Ночью спят автобусы,
Скоростной трамвай,
В магазине глобусы,
Глазки закрывай.
Ночью сны волшебные,
К доченьке летят,
Скрасят дни учебные,
Сказкой про котят.
Спать пора мышоночку,
Сладко засыпай,
Деревцу, котеночку,
Баю-баю-бай.

Весенняя

Вновь весна, и ночною порою,

Все труднее тебе засыпать,

"Жарко очень" - окошко открою,

Позовет дочку сказка в кровать.

Засыпай, мое солнышко, сладко,

Посмотри, уже время пришло,

Пожелай доброй ночи всем кратко...

Даже солнышко спать уползло.

Тебя встретит мир сказки чудесный,

Вон дракон, а вон эльф или гном,

Улыбнется тебе свод небесный,

И окажешься в замке чудном.

Этот сон пусть подарит лишь радость,

Звуки смолкли, пора, засыпай,

Ночь подарит нам отдыха сладость,

Спи, родная моя, баю-бай.

«За окном пенье птичек все тише...»

За окном пенье птичек все тише,

Солнце нехотя скрылось из глаз,

И зевают котята и мыши,

Малышей спать уложат сейчас.

Малышам спать не хочется очень,

Хоть устали шалить и играть,

Ход часов беспощаден и точен,

Потому малышам надо спать.

Видишь, стрелка коснулась десятки,

Видишь, стало темно за окном,

Убежало и солнышко спатки,

Чтоб заснуть до утра сладким сном.

Спать пришло тебе, доченька, время,

Прозвенел за окошком трамвай,

Попрощайся с игрушками всеми,

Сладко спи, баю-бай, баю-бай...

« Летний вечер стучится в окошко…»

Летний вечер стучится в окошко,
Дочку ждет не дождется кровать,
Рядом тихо урчит наша кошка,
Значит, время пришло засыпать.

Песню папа напишет для дочки,
Чтобы радостно было ей спать,
Лепестки закрывают цветочки,
Сну на стражу пора заступать.

Сон подарит тебе ночью сказки,
Потому поскорей засыпай,
Глазки ты закрывай без указки,
Шепчет ночь: "баю-бай, баю-бай".

«Засыпай, моя дочурка, засыпай...»

Засыпай, моя дочурка, засыпай,

Ветерок прошепчет тихо: "баю-бай",

День прошел, и ты устала, спи, дитя,

Без капризов, не играя, не шутя.

Сон придет и ты увидишь мир чудес,

Убежишь, играя с ветром, в светлый лес,

Назовет тебя принцессой эльфов мир,

И устроят в честь прекраснейшей турнир.

Каждый вечер к нам приходит тетя Ночь,

И кровать в сон отправляет мою дочь,

Глазки карие послушно закрывай,

Спи без страха, спи спокойно, баю-бай.

Уговоры

Спи, ребенок, скорей,
Время спать для детей,
Месяц в небе горит,
Что же доча не спит?
Тихо, глазки закрой,
Одеялком укрой,
Баю-бай, спать пора,
Спи, усни до утра.
Сказку я расскажу,
В сон тебя провожу,
Баю-бай, баю-бай,
Поскорей засыпай.
Месяц смотрит в окно,
Все уснули давно,
Кто-то тихо сопит,
Это доченька спит.

«Дня вышел срок...»

Дня вышел срок,
Ночь на порог,
Глазки закрой, малыш,
Спит дух дорог,
Спит ветерок,
Песню мою услышь.
Спят острова,
Дуба листва,
Спит и малютка-дочь,
Спит трын-трава,
Львята у льва,
Всех обнимает ночь.
Сказка зовет,
В сон уплывет,
Доченька, засыпай,
Эльф оживет,
В лес увезет,
Баюшки-баю-бай...

«Стало тихо на улице, слышишь...»

Стало тихо на улице, слышишь?
Фонари звезд зажглись в темноте,
Засыпая, размеренно дышишь,
Забывая о дня суете.

Сон укроет пологом дочурку,
Сказка двери откроет свои,
Домовой убежит за печурку,
Ярких звезд закружатся рои.

На поляне лошадка встречает,
Очень хочет с тобой поиграть,
И дракон без тебя заскучает,
Потому надо спать, надо спать.

Засыпают все люди и звери,
Ночь на землю пришла - засыпай,
Засыпают дома, окна, двери,
Спи и ты, баю-бай, баю-бай.

Спи, ребенок, баю-бай

Шелестит трава в лесу,
Гонит сон домой лису,
Ночь настала, засыпай,
Спи, ребенок, баю-бай.
В город наш приходит ночь,
Все заботы гонит прочь,
Ночь настала, засыпай,
Спи, ребенок, баю-бай.
Сказка дочу усыпит,
Рядом кошка наша спит,
Ночь настала, засыпай,
Спи, ребенок, баю-бай.
Завтра солнышко взойдет,
Снова день к тебе придет,
Ночь настала, засыпай,
Спи, ребенок, баю-бай.
Улыбнись и спи, малыш,
Спит и кошка, спит и мышь,
Ночь настала, засыпай,
Спи, ребенок, баю-бай.
Глазки сомкнуты давно,
Занавешено окно,
Ночь настала, засыпай,
Спи, ребенок, баю-бай.

«Спи, моя радость, спи, мое счастье...»

Спи, моя радость, спи, мое счастье,
Сон обойдет пусть горе-злосчастье,
Пусть тебе снятся одни лишь цветы,
И радости полный мир доброты.
Спи, мы тебя от всего охраним,
Болезнь, боль и горе вместе казним,
Сказка придет и друзей приведет,
Дорогой волшебной нас уведет.
Спи же, малышка, уж время пришло,
Ночь опустилась и солнце зашло,
Мама укроет, а папа споет,
Дочка во сне новый мир познает.

Баю-бай

Баю-бай, спокойной ночи, баю-бай,

Солнце село - видишь, дочка, засыпай,

Ночь приходит теплым зверем, спи, малыш,

Колыбельную поет тихонько мышь...

Колыбельную поют и стар, и млад,

Птицы, рыбы, гномы и эльфийский сад,

Песню тихую тебе споет сверчок,

В колыбельных песнях он не новичок.

Слышишь все поют тебе, что спать пора,

Засыпай малышка-доча до утра,

Глазки сомкнуты и ты уже сопишь,

Я спою тебе: "Спи сладко, мой малыш"...

«Спит и листик, и трава...»

Спит и листик, и трава,
Спит и ежик, и сова,
Засыпает детвора,
Значит, спать тебе пора.
Спать пора, малышка-дочь,
К тебе сном приходит ночь,
Солнце спряталось давно,
Сладко спит уже оно.
Засопел малышкин нос,
Он во сне чуть-чуть подрос,
И реснички подросли,
Спи, малышка, не шали.
Пусть приснится тебе лес,
Сказкой, полною чудес,
Гладит лунный свет окно,
За окном темным-темно.
Спит в кроватке моя дочь,
Будто ангел, вот точь-в-точь,
Шепот ветра: "засыпай",
Спи, малышка, баю-бай...

Моей дочке спать пора

Засыпает детвора,
Моей дочке спать пора,
Сказка в гости к нам придет,
Колыбельную споет.
Спи спокойно, мой малыш,
Спит и кошка, спит и мышь,
Скоро доченька уснет.
От забот дня отдохнет.
Ночь настала, засыпай,
В сон волшебный уплывай,
Тебе снится мир чудес,
Речка, солнце, добрый лес.
Песенку тебе спою,
Баю-баюшки-баю,
Спят собачки во дворе,
Спит лиса с детьми в норе.
Ночь вошла в свои права,
Спит сосна и спит трава,
Спит троллейбус, спит трамвай,
Спит и дочка, баю-бай...

Осенняя

Осень дождик прислала в подарок,

Грустно плачет он на небесах,

Солнце спряталось, день стал не жарок,

Буря мчит к нам на всех парусах.

Мокрый дождик на улице плачет,

В доме нашем тепло и светло,

На дворе потемнело и значит

Время игр для тебя истекло.

Одеялко заждалось малышку,

День прошел и пора отдохнуть,

Закрывай, закрывай, дочка, книжку,

В сон волшебный пора занырнуть.

Пусть тебя сказка сна укачает,

Не грусти, а скорей засыпай,

Пусть ничто сон твой не омрачает,

Баю-бай, баю-бай, баю-бай.

«Ночь для сна, а день для дел...»

Ночь для сна, а день для дел,
Месяц небом завладел,
Спать зовут малышку-дочь,
Сказку ей готовит ночь.
Долго ль, коротко, а вот
Видишь, спит здесь рыжий кот,
Спит дракончик, спит сова,
Все во власти колдовства.
Колдовство зовется сном,
Спят волшебник с колдуном,
Дочке спать давно пора,
Спит в кроватках детвора.
В сказке можно полетать,
А сейчас - скорей в кровать,
Рядом кукла, засыпай,
Спи, мышонок, баю-бай...

Время игр минуло

Спи, малышка, засыпай,
Сладких снов, родная,
Шепчет ветер "баю-бай",
Тучки разгоняя...
Спи, мой ангел, добрых снов,
Закрывай-ка глазки,
В мир волшебниц, колдунов,
Увлекают сказки...
Спи, моя малышка-дочь,
Солнышко уснуло,
Зонтик звезд раскрыла ночь,
Время игр минуло...

«Спи, ребенок мой родной…»

Спи, ребенок мой родной,

Спи, моя малышка,

Пусть навеет сон цветной,

Сказочная книжка,

Полетай во сне, малыш,

Поиграй с драконом,

Почему же ты не спишь,

С полуночным звоном?

Засыпай, пришла пора,

Спать детишкам сладко,

Засыпает детвора,

Не читай украдкой.

Сладко-сладко засыпай,

Тишина ночная,

Будто шепчет: "баю-бай",

Сладких снов, родная.

«Сладко спи, дочурка...»

Сладко спи, дочурка,
Время засыпать,
В одеяло юрко,
Завернись и спать.
Сон уж у порога,
Глазоньки сомкни,
Улыбнись немного,
Смело в сон шагни.
Сладко спи, родная,
Сон твой охранит
Фея грез ночная,
Что тебя хранит.
Песенка допета,
Дочка, засыпай,
Вот конец куплета,
Баю-баю-бай...

«Засыпает дочурка счастливо...»

Засыпает дочурка счастливо,

Ждет давно одеяло, кровать,

Им одним без нее уж тоскливо,

Ночь пришла, надо спать, надо спать...

Ночью сны прибегут к ней вприпрыжку,

И пегасов табун прилетит,

Фея снов унесет в них малышку,

Колыбельной ее усыпит.

Медвежонок протянет ей лапу,

И дракоша прокатит ее,

И взбежит на корабль дочь по трапу,

И взлетит тот корабль для нее.

Бабы-ежки прокатят на ступе,

Водяной свою песню споет,

Царь Гвидон с воеводою вкупе,

Будут петь ей всю ночь напролет.

И вся ночь сном волшебным согрета,

Для любимой малышки моей,

Мчит дочурку на бал уж карета,

Танцевать очень хочется ей.

Сны бегут, улыбается дочка,

И улыбка та радует нас,

И душою нежнее цветочка,

Согревает нам сердце сейчас.

Спи родимая, пусть тебе снится,

Доброта света маминых глаз,
Ночью небо давно уж чернится,
Надо спать тебе прямо сейчас.

«Сказка двери свои открывает...»

Сказка двери свои открывает,

Для малышки послушной моей,

Дочка глазки свои закрывает,

Сон волшебный придет в гости к ней.

Ночь котенком ластится в окошко,

Принося отдых нам и покой,

Засыпая, урчит рядом кошка,

Мама с папой тут рядом с тобой.

Колыбельная ласково льется,

Сладко спи, счастье наше, усни,

В ней о сказке волшебной поется,

Что тебе зажигает огни.

Доброта там живет в каждом доме,

И дракоша там доченьку ждет,

В своем доме он спит на соломе,

Ведь кроватка его не растет.

Полетаешь во сне на драконе,

С феей в салочки будешь играть,

На балу потанцуешь в короне,

Потому - надо спать, надо спать.

Спи, малышка, твою колыбельку,

Ночь качает, храня от обид,

Сладок сон, что твоя карамелька,

Вот и умница дочка уж спит.

Сказка феи

"Здравствуй, милая девочка, здравствуй",

Скажет фея, лишь глазки сомкнешь,

"Тебе мир я дарю, в нем и властвуй,

Ты во сне этот мир создаешь".

И подарит она тебе крылья,

Ты волшебную книгу открой,

В твоем мире нет места насилью,

Зло уходит от нас в мир иной.

Создаешь ты леса и равнины,

Горы, реки, болота, моря,

К Миру новому на именины,

В гости просится фея-заря.

В мир твой новый являются звери,

Птицы, люди и прочий народ,

Открывает мир им свои двери,

Вот у сказки такой поворот.

Дочка спит, новый мир создавая,

И тепло улыбаясь во сне,

Пусть растет она, горя не зная,

Защитить ее хочется мне.

Спи, малышка, пускай твои грезы,

Добротою расцветят твой мир,

Пусть не льются из глаз боли слезы,

Так поет тебе ангельский клир.

Засыпай, засыпай поскорее,

Ночь уж окна закрыла давно,
Ночью сказка приходит быстрее,
Сладко спать тебе время дано.

« Сон пришел, он стоит у кровати...»

Сон пришел, он стоит у кровати,

И дочурка зевает уже,

Ночь пришла, надо спать уже кстати,

И будильник уж настороже.

Засыпай, сказка в гости приходит,

Твой дракон тебя ждет у дверей,

В твоем мире уж солнце восходит,

Спи, малышка, засни поскорей.

Ты летишь в небе солнцу навстречу,

Ветер ласково гладит лицо,

Злу и бедам задорно переча,

Доброты сила здесь налицо.

И в душе твоей ярко и смело,

Раскрывается нежный цветок,

То "добро", "право", "знанье" несмело

Прорываются в мир, вышел срок.

Спи, малышка, твой сон детский ярок,

Чтоб не знала ты горя и зла,

Опрокину я дюжину чарок,

Чтоб судьба милосердна была.

Дочка в сладкий свой сон уплывает,

Под улыбки родимых людей,

"Боже, пусть она радость лишь знает,

И побольше хороших друзей."

«Одеяло поправлю дочурке...»

Одеяло поправлю дочурке,

Спи же, радость моя, засыпай,

Угли ярко горят пусть в печурке,

В сон волшебный со сказкой ступай.

Прокатись на дракоше по миру,

С доброй феей на бал попади,

Отбери у бретера рапиру,

И его ты при всех пристыди.

Пусть восславят тебя менестрели,

В этом сне все возможно, поверь,

Пусть в твою честь играют свирели,

И ты в платье - принцесса теперь.

Засыпай, засыпай же, малышка,

Волшебство ожидает тебя,

На столе спит забытая книжка,

Мама нежно погладит, любя.

Ночь свои распахнула уж крылья,

Небо строго хранит дочкин сон,

Расскажу тебе сказку иль быль я,

Чтобы тих и спокоен был он.

« Сказка ночью раскроет дверь...»

Сказка ночью раскроет дверь,

В сон прекрасный, ты ей поверь,

Смело шагни, взлети над землей,

В небе сверкнет дракон чешуей,

Дочка, сладко спи до зари,

Пусть поют тебе кобзари,

Песни добра и ясного дня,

Песней твой сон волшебный храня.

Сон твой сладок, нежен и тих,

Тишь и даже ветер притих,

Баю-бай, баю-бай, баю-бай,

Засыпай, засыпай, засыпай...

«День кончается, малышка устала...»

День кончается, малышка устала,
Сон ее уж в кроватку зовет,
Ночь на ушко ей что-то шептала,
Скоро в сказку она уплывет.
Сон дочурки дракон охраняет,
И пегас ее мчит над землей,
Крыльями облака разгоняет,
В небесах проплывая ладьей.
Спи же сладко принцесса-малышка,
Завтра день снова примет тебя,
Уж заснули гитара и книжка,
Руки мамы погладят любя...
Засыпай, засыпай поскорее,
Глазки сонно свои закрывай,
Фея снов и дворецкий в ливрее,
Пропоют "баю-бай, баю-бай"...

Спи, малышка, спи

Ночь к нам в окна стучит,
Спи, малышка, спи,
Песня тихо звучит,
Спи, малышка, спи.
За окном уж темно,
Спи, малышка, спи,
Ждет кроватка давно,
Спи, малышка, спи.
В сказку сон унесет,
Спи, малышка, спи,
Увлечет, засосет,
Спи, малышка, спи.
Надо спать, чтоб расти,
Спи, малышка, спи,
Много дел на пути,
Спи, малышка, спи.
Вот уж ждет тебя сон,
Спи, малышка, спи,
Яркий, красочный он,
Спи, малышка, спи.
Песнь звучит, сон пришел,
Спи, малышка, спи,
Месяц яркий взошел,
Спи, малышка, спи.
Шепчет ночь: "засыпай",

Спи, малышка, спи,
Баю-бай, баю-бай,
Спи, малышка, спи.

Оле-Лукойе

"Ну, здравствуй, малышка",

Откроется книжка,

И Оле-Лукойе войдет,

Закрой глазки, Мышка,

Тебе, шалунишка,

Он новую сказку прочтет.

О Тьме или Свете,

О белой карете,

В той сказке он речь поведет,

О черной монете,

О сладком шербете,

О том, кто в подполье скребет.

Рассказ пусть струится,

Тебе будет сниться,

Сон радостный, теплый, родной,

Пусть Зло побоится,

В том мире селиться,

Его остановим стеной.

Ты спи, улыбаясь,

Ничем не терзаясь,

Твой сон папа с мамой хранят,

Уже не играясь,

И в сон погружаясь,

Дочурку сны угомонят.

Я песню сыграю,

Ты спи, баю-баю,
Все в доме заснуло уже,
С мечом самураю,
И даже трамваю,
Пора спать в своем гараже.

«Сон волшебный раскроет объятья...»

Сон волшебный раскроет объятья,

Надо спать, надо спать, надо спать,

Оставляй же свои все занятья,

И скорее беги ты в кровать.

Одеялко обнимет, ласкаясь,

И подушка мягка под щекой,

Ночь погладит, а глазки, слипаясь,

Уведут в сон красивый такой.

Там, во сне, нет ни бед, ни печали,

Только радость, и свет, и тепло,

Скачешь весело ты на причале,

В сказку плыть уже время пришло.

Сказка в дом каждый вечер приходит,

Чтоб малышкин был радостным сон,

Доброта там всегда верховодит,

Рядом с дочкой дракон и грифон.

Спи, мышоночек, время уж к ночи,

Улыбнись всем родным, засыпай,

Закрывай свои ясные очи,

Баю-бай, баю-бай, баю-бай.

Корабль

Сладких снов, говорю я, малышка,

Спи спокойно, пусть рядом с тобой,

Засыпает и кошка, и книжка,

А во сне уже слышен прибой.

А во сне уже волны полощат,

О борт белый того корабля,

Что тебя ждет и море наморщит,

В путь пускаясь и волны трепля.

Ты стоишь и вращаешь с улыбкой,

Колесо, что штурвалом зовут,

Царь Нептун в вас швыряется рыбкой,

Как же радостно, сказочно тут!

Спи, малышка, пусть сон тебе снится,

Отдыхай, много дел впереди,

Пусть во сне тебе Синяя Птица

Путь укажет, не бойся, иди.

Сны твои так волшебны, прекрасны,

Одеялко пусть греет всю ночь,

Пусть порою они несуразны,

Но ты спишь, это радостно, дочь.

«Наступает уж время для сказки...»

Наступает уж время для сказки,
Чтобы доченькин сон легок был,
Засыпай, засыпай без опаски,
Вот гляди, твой кораблик приплыл.

На волнах он качается мягко,
Сказка ждет, так иди же скорей,
Море тихо, спокойно и гладко,
И колышется свет фонарей.

Закрываются дочкины глазки,
Спит малышка, пора отдыхать,
Фея сна мир твой в яркие краски
Расцветит, ты должна уже спать.

Спит дочурка, во сне улыбаясь,
Утром солнечный зайчик придет,
Кошка теплая муркнет, ласкаясь,
Спи малышка, тебя сказка ждет.

Звезды

В небесах зажигаются звезды,

Сыр Луны в темном небе блестит,

Возвращаются птицы уж в гнезда,

Колыбельная всех усыпит.

Всем детишкам уж время в кроватки

Убежать в ожидании снов,

Сны их будут спокойны и сладки,

Сказок мир засылает послов.

Песню сна ты послушай, малышка,

Засыпай же, принцесса моя,

Отдохнуть надо, правда же, Мышка?

"Баю-бай",- пропою тебе я.

Одеялко дочурку согреет,

Папа рядом, спокойно ты спи,

Уж закрыты глаза, сон пестреет,

"Ночка дочку скорей усыпи".

«Уже солнышко село за горку...»

Уже солнышко село за горку,

Свет зажегся и манит кровать,

Мышки спрятались спать в свою норку,

И тебе, дочка, надо уж спать.

Засыпай, засыпай же, малышка,

Ты устала, пора отдохнуть,

Мама спит, папа спит, спит и Мышка,

Время всем поскорее заснуть.

Сны откроют тебе мир чудесный,

Он прекрасен, твоя как душа,

И волшебный он, и интересный,

Ветерок пощекочет, смеша.

Твой дракон молодой и игривый,

Прилетел и зовет уж играть,

Прилетит твой пегас златогривый,

Потому надо спать, надо спать.

Пусть твой сон будет тих и спокоен,

Пусть тревога не тронет тебя,

Сон нектаром пусть будет напоен,

"Сладко спи", прошепчу я любя...

Хочешь, я расскажу тебе сказку?

Хочешь, я расскажу тебе сказку?

Сказка на ночь, чтоб сон шел к тебе,

Кошка рядом с тобой просит ласку,

Сон уж катит к тебе на арбе.

Глазки, глянь, закрываются сами,

Моей маленькой спать уж пора,

Сны дочурки полны чудесами,

Засыпай, засыпай до утра.

В небе светит, кругла и прекрасна,

Будто сыра голландского круг,

То луна, что совсем не напрасна,

Освещает она мир вокруг.

Звезды на небе калейдоскопом,

Как прекрасна спокойная ночь,

Все затихло и замерло скопом,

Спи спокойно, любимая дочь.

"Засыпай, засыпай", - скажет ночка,

И вторит сыр Луны тихо ей,

Сладко спи ты с улыбкою, дочка,

Убаюкаю песней своей.

О полете

Посмотри, уже солнце садится,
Вечер сказочный окна закрыл,
Моей дочке пора спать ложиться,
Вот уж сон прилетел, златокрыл.

Вот уже закрываются глазки,
Одеялко укроет тебя,
Замерев в ожидании сказки,
К сну готовит дочурка себя.

Сказка льется, тиха и красива,
Там добро побеждает все зло,
Улыбайся, дочурка, счастливо,
И во сне становись на крыло.

Пролети над домами, полями,
Пусть тебе улыбнется земля,
Солнышко пусть своими лучами,
Тебя нежно погладит, хваля.

Сказка кончилась, спит моя дочка,
Что нам новый денек принесет?
Спит уж дочка с лицом ангелочка,
Все тревоги пусть ночь унесет.

Изумрудный город

Посмотри, скоро солнышко сядет,
Ночь несет отдых, тишь и покой,
Звездами она небо нарядит,
Спать пора, дочка, глазки закрой.
Ночь тебе открывает дверь сказки,
Песни звуки баюкают дочь,
Закрываются дочкины глазки,
В мир вступает весенняя ночь.
"Здравствуй", скажет ей девочка Элли,
"В город мы изумрудный идем,
Подпевай, песни мы все не спели,
Так пошли же кирпичным путем."
Путь неблизкий, пора им в дорогу,
Смелость, ум, сердце надо найти,
И домой возвратить к эпилогу,
Всех, кого ждут на этом пути.
Спит дочурка, ее сон спокоен,
Шепчет ночь: "засыпай, засыпай",
Спит котенок, что был беспокоен,
Баю-бай, баю-бай, баю-бай.

Трассовая (любимой)

Спи, моя хорошая, спи, моя любимая,

В жизни этой яростной бережно хранимая,

Сон я наколдую лишь для нас в ночи,

Сладко спи, родная, ну же, не фырчи.

Пусть нас ночь укроет, отдохни и ты,

Снится тебе будут дети и цветы,

Божье испытанье - километры трасс,

"Засыпай, родная", - я пою сейчас.

Спи, ты моя доля, так ведь говорят?

Пусть же испытанья нас не изнурят,

Пусть твоя улыбка освещает путь,

Как молитва ночью - "рядом со мной будь".

«Здравствуй, сказка...»

Здравствуй, сказка, уж время приходит,

Отдыхать от забот, беготни,

Посмотри, вот и солнце заходит,

Ночь зажгла звезд на небе огни.

Забирайся в кроватку, малышка,

День ушел, спать настала пора,

Мама скажет: "Иди же спать, мышка",

Спи спокойно, усни до утра.

Тебя сон примет нежною лаской,

Папа песню тебе напоет,

И окутает доброю сказкой,

Дочка мир свой во сне создает.

Спи же, доченька, глазки уснули,

Завтра снова придет новый день,

Спать пора, даже звезды зевнули,

Свет застила уже ночи тень.

Песня слышится тише и тише,

Сон пришел, засыпай, засыпай,

И клубок сонной кошки спит в нише,

Допеваю тебе "баю-бай"...

Спите сладко, мои малыши

Закрывает день песнь колыбельная,

Дочке, доченьке надо в кровать,

Царство сна здесь - страна сопредельная,

Засыпай, надо спать, надо спать.

Жизнь прожил сего счастья не ведая,

Засыпает дочурка в тиши,

Сказку на ночь я тихо поведаю,

Засыпайте, мои малыши...

"Засыпай", скажу тихо любимой,

Спи, хорошая, дочка уж спит,

Сила нашей любви негасимой,

Нас с тобою от бед защитит.

Ночь и девочки тихо заснули,

Дочка спит, спит и мама в тиши,

Даже звезды на небе уснули,

Спите сладко, мои малыши.

Сладкие сны...

Дочка, доченька, время настало,
Тебе, радость моя, отдыхать,
Видишь, солнышко тоже устало,
Укатилось оно тоже спать.
Закрываешь ты глазки и видишь
Сказок добрых во сне хоровод,
Милых очень зверей ты увидишь,
Фея снов сладкий сон бережет.
Убаюкивает тебя сказка,
В тишине сладко спит моя дочь,
Снится ей жеребец из Дамасска,
На котором она скачет прочь.
Эта радость и счастье во взгляде,
Что ей сказочный дарит полет,
Улыбнется луна, на дочь глядя,
Засыпай, сказка ждет, сказка ждет.

Пора в постель

Вечер снова огни зажигает,

И подушка вновь доченьку ждет,

Дочку мама в постель посылает,

Папа новую песню споет.

Сказка к дочке ластится игриво,

Олененок во сне к ней бежит,

Он боднет ее мягко, шутливо,

Ветер в танце листок закружит.

Фея спустится к ней прямо с неба,

Позовет дочку петь, танцевать,

Угостит свежей мякотью хлеба...

Сон приходит, тебе надо спать.

Засыпай, колыбельная спета,

Свет погашен и ночь за окном,

Одеялом ты теплым согрета,

В сказку дочку везет сна паром.

Спи спокойно и сладко, дочурка,

Утром вновь веселись и играй,

Мышка в норку спать спряталась юрко,

Что же ты? Баю-бай, баю-бай...

Девять

Вечер, глухо часы нам пробили,
Девять раз - время дочке в кровать,
Небо звездочки уж расцветили,
Отдыхать надо, чтоб лучшей стать.

Засыпай же, любимая дочка,
Утром школа опять позовет,
Принесла сладкий сон тебе ночка,
Засыпай, сон зовет, сон зовет.

Сон придет, сказку дочке покажет,
Лес прекрасный, и эльф, и дракон,
О принцессе эльф дочке расскажет,
Что найти и спасти хочет он.

Сон твой сладок и сказка приснится,
Отдохнет за ночь дочка моя,
Спи, дочурка, моя баловница,
"Спи", - тихонько пою тебе я.

Сон волшебный пришел к моей дочке,
Шепчет ночь: "Засыпай, засыпай",
Спи в кроватке, как фея в цветочке,
Баю-бай, баю-бай, баю-бай.

Закрываются глазки малышки

Закрываются глазки малышки,
Значит спать ей настала пора,
В зоопарке спит слон и мартышки,
Кошка спит, спи и ты до утра.

Принцем сказок ждет сон у кареты,
Чтоб принцессу мою повстречать,
Графы, лорды, поправив береты,
О одной ей готовы мечтать.

Сказок бал волшебством озарится,
Как же радостно будет всю ночь!
Прилетит в гости к дочке жар-птица,
Сны плохие прогоним мы прочь.

Ночью спать надо кошкам и мышкам,
Отдохнуть надо, ты засыпай,
Сны прекрасные снятся малышкам,
Баю-бай, баю-бай, баю-бай.

Молдавская сказка

Ночь волшебный мир детям откроет,

Надо глазки свои лишь закрыть,

Одеялко дочурку укроет,

Чтоб во сне сказки дверь приоткрыть.

Фэт-Фрумос там на лошади скачет,

Чтоб Иляну от зла уберечь,

Косынзяна от радости плачет,

И Балаура ждет острый меч.

Дочка, доченька, ну-ка в кроватку,

Спать пора, уже ночь на дворе,

Сон покажет лес, маму, лошадку,

Спать пора уже всей детворе.

Спит принцесса моя, спит спокойно,

Сладко-сладко спит дочка моя,

Сон ее, будто нежная дойна,

"Сладко спи", - говорю тебе я.

«Моей доченьке что-то не спится...»

Моей доченьке что-то не спится,

Не спешит она, что-то, в кровать,

Песню дочке споем про жар-птицу,

Ты же знаешь сама, надо спать.

Засыпай, ты же очень устала,

Хоть не чувствуешь это сама,

Целый день ты училась, играла...

Отдыхай, ночь укрыла дома.

Засыпай, моя доченька, сладко,

Свет луны двери в сказку открыл,

Будет в сказке любовь или схватка,

Ты решишь, сон не будет уныл.

Мышка, спи, все давно уж уснули,

Завтра радостный день предстоит,

Звезды на небе сладко зевнули,

Вот и доченька наша уж спит.

Сон пришел к нашей славной малышке,

Песня шепчет: "скорей засыпай",

Спит спокойно любимая Мышка,

Баю-бай, баю-бай, баю-бай.

Засыпай

Слышишь, ветер свистит?
Засыпай, Засыпай,
Месяц на небе бдит,
Засыпай, Засыпай,
Сон на дочу глядит,
Засыпай, Засыпай,
Уж ребенок наш спит.
Засыпай.

Спи, любимая, спи,
Засыпай, Засыпай,
Ночку поторопи,
Засыпай, Засыпай,
До рассвета поспи,
Засыпай, Засыпай,
Не фырчи, не кипи,
Засыпай.

Дочка спит, спит и мать,
Засыпай, Засыпай,
Людям всем пора спать,
Засыпай, Засыпай,
Манит нежно кровать,
Засыпай, Засыпай,
В тишине помечтать,
Засыпай.

Вот пройдет месяц май,

Засыпай, Засыпай,
Ночь за ночью считай,
Засыпай, Засыпай,
Будем вместе, ты знай,
Засыпай, Засыпай,
Я спою "баю-бай",
Засыпай.

Спи, усни

Спи, усни малышка моя,
Колыбельную пою я,
За окном темно,
Надо спать давно,
Хочет спать и мама твоя.
Доченька, усни поскорей,
Спать пора пришла для детей,
Спят твои друзья,
Спит твоя семья,
Спят дома хороших людей.
Ждет уже малышку кровать,
Знают дети все - надо спать,
Солнышко зашло,
Время истекло,
Сон пора дочурке встречать.
Засыпай, пора уж пришла,
Отзвенели колокола,
Сладко дочка спит,
Бог благословит,
Ночка в сказку дочь унесла.

Перед каникулами

Город ночной весь уснул,

Месяц в окно заглянул,

Что ж ты, малышка, не спишь?

Только тихонько сопишь.

Спи, засыпай, день прошел,

Он был немного тяжел,

Завтра придет новый день,

Пройдена эта ступень.

Школы последние дни,

Ох, нелегки же они,

Скоро каникулам срок,

Спи, мой родной ангелок.

Сказка приходит к тебе,

Тихо скажи, дочь, себе,

"Пусть будет все хорошо",

Спи, за окошком свежо.

Глазки закрой, баю-бай,

Песня звучит, засыпай,

Спит уже дочка в тиши,

Спят все давно малыши.

«Ночь пришла, время спать для малышки...»

Ночь пришла, время спать для малышки,
Не грусти, завтра день вновь придет,
Засыпают и кошки, и мышки,
Спать дочурка со всеми идет.
День был долог и дочка устала,
Время глазки сомкнуть и заснуть,
Засыпай, засыпай без скандала,
В сказку дочке пора уж шагнуть.
Завтра снова игра и веселье,
Унесут в мир прекрасных чудес,
А пока дочке снов ожерелье
Подарил мирный сказочный лес.
Моя дочка-принцесса уснула,
В сон унес ее сказки трамвай,
И Луна за окошком заснула,
Спи и ты, баю-бай, баю-бай.

«Светом желтым налились окошки...»

Светом желтым налились окошки,

Залила город светом луна,

Засыпают собачки и кошки,

И упала на мир тишина.

И дочурка моя уж зевает,

Время позднее, спи, засыпай,

Ветер в трубах печных завывает,

Сладких снов, баю-бай, баю-бай.

Пусть приснится тебе лес волшебный,

Полный радости сказочный лес,

Саурон - злой колдун средиземный,

Что от страха на елочку влез.

Эльфьих деток веселые стайки,

Небо синее над головой,

Танец сна на зеленой лужайке,

Все, что грезится дочке самой.

Засыпай сном спокойным и сладким,

Сказки мир твой покой сохранит,

Сон твой будет, как озеро, гладким,

Тс-с-с, дочка спит, дочка спит, дочка спит.

«Засыпают все люди и звери...»

Засыпают все люди и звери,
И дочурке моей время спать,
Отворяй сна волшебные двери,
И беги поскорее в кровать.

Спать не хочется маленькой дочке,
Ход часов ей не остановить,
Засыпают деревья, цветочки,
Сказку дочке пора оживить.

Снов прекрасных тебе пожелают,
Звезды на небе, ветер в тиши,
Снов коней уже эльфы седлают,
Пора спать, дочка, свет потуши.

Лунный свет сна дорогу осветит,
Конь прекрасный сквозь сон тебя мчит,
Фея леса дочурку приветит,
Колыбельная песня звучит.

Спи спокойно и сладко, малышка,
Завтра рано вставать, засыпай,
Мы все любим тебя, дочка-мышка,
Баю-бай, баю-бай, баю-бай.

Возвращение папы из командировки

Засыпай, потерпеть нам осталось немного,

Долгожданная встреча, считаем часы,

Папу ждет впереди непростая дорога,

А тебя - сон о луге и каплях росы.

Засыпай, ожидание станет короче,

Надо спать моей дочке и сказки смотреть,

Спи, принцесса, усни, сладких снов, доброй ночи,

Спи, пока на востоке не стало светлеть.

Засыпай, пусть твой сон унесет тебя в сказку,

Сказку эльфов лесных о прекрасных лугах,

Мир сна, дочка, раскрась, как картинку-раскраску,

Пусть не будет он бледным, как горы в снегах.

Засыпай, ночь прекрасная на землю ляжет,

Чтобы доченьке юной спалось веселей,

Папа сказку волшебную на ночь расскажет,

Надо дочке моей засыпать поскорей.

Засыпай, пусть твой сон будет нежным и мягким,

Песня тихо струится, усни, засыпай,

И пускай сон твой будет спокойным и сладким,

Спи дочурка моя, баю-бай, баю-бай...

«Тише, спать уж котенок ложится...»

Тише, спать уж котенок ложится,

Засыпать ей настала пора,

Пусть дочурке моей сладко спится,

Колыбельку качают ветра,

Феи радостно доченьку встретят,

Сказок песни ее в сон зовут,

Где над миром всегда солнце светит,

Небеса только радость несут.

Засыпай, засыпай, моя радость,

Счастья нежного яркий цветок,

Пусть обнимет тебя сказки сладость,

Охраняет дочурку пусть Бог.

От всех бед, от тоски безнадежной,

Уберечь постараемся мы,

И любовью родительской нежной,

Отгоняем мы щупальца тьмы.

Самой лучшей дочурке на свете,

Колыбельные папа поет,

Что прекрасней есть в мире, чем дети?

Засыпай, сказка ждет, сказка ждет.

Папины сказки

Закрываешь усталые глазки,
Время снов наступает уже,
Для тебя льются папины сказки,
Отражается сон в витраже.

Дочке спать уже время настало,
В небо вывели звезды Луну,
Дочка, доченька за день устала,
И готовится нынче ко сну.

Засыпает любимая дочка,
Свет погаснет в окошке твоем,
Засыпает и фея цветочка,
Тебе песню о сказке поем.

Спи скорей, завтра день будет трудный,
Дочке надо за ночь отдохнуть,
Сны смотри о стране изумрудной,
Час пробил, надо дочке уснуть.

«Засыпают любимые глазки...»

Засыпают любимые глазки,

Время снов к моей дочке пришло,

Оживают для доченьки сказки,

Засыпай, уже солнце зашло.

Погляди, тебя ждут уже гномы,

Гномы ждут Белоснежку свою,

Чтобы к дому вернуться лесному,

Сказку тихо закончить сию.

Добрых сказок к нам время приходит,

Сладко спи, дочка, спи, засыпай,

Звезды россыпью, месяц восходит,

Сон пришел, баю-бай, баю-бай.

Пусть тебе снятся добрые сказки,

Теплый сон пусть обнимет тебя,

Спи, малышка, сомкни свои глазки,

«Сладких снов», мама шепчет, любя.

Сказка о волшебнике

Жил на свете волшебник недобрый,
Очень злым и противным он был,
Для драконов он был несъедобный,
Для вампиров и ведьм был постыл.
Людям, эльфам и феям, и гномам,
Гадости он творил каждый день,
Даже людям, совсем незнакомым,
Говорил лишь одну дребедень.
Людям это однажды приелось,
И волшебника выгнали вон,
Вся деревня тогда разболелась,
Снится дочке такой странный сон.
В снах дочурки нет места насилью,
Злобе, боли и страшной беде,
И добра не бывает бессилья,
Там добро побеждает везде.
Засыпай, моя милая дочка,
Твои сказки уже ждут тебя,
Лепестки уж закрыты цветочка,
Опусти на подушку себя.
Спи спокойно и сладко, малышка,
Засыпай, баю-бай, засыпай,
Сладких снов, засыпай моя мышка,
Спи, спи, спи, баю-бай, баю-бай.

Весенний сон

Сон весенний стучится в окошко,
Значит сказки настала пора,
Рядом с дочкой заснет ее кошка,
И "сегодня" уйдет во "вчера".
Скоро-скоро закончится школа,
Лето теплое ждет впереди,
Время плаванья и баскетбола,
Время солнца, лишь день подожди.
Засыпай, моя доченька, сладко,
Сказок время и время для сна,
В рюкзаке спит с немецким тетрадка,
Песней доченька усыплена.
Мою дочку зовет одеялко,
Поскорее в кроватку ступай,
Тихо уркнет мышонок-пищалка,
Спи, родная, усни, баю-бай.

Глазки закрывай

Закрываются дочкины глазки,
Засыпать уж настала пора,
И рекой льются добрые сказки,
Спи, усни, моя дочь, до утра.

Солнца теплого лучик щекочет,
Сны волшебные радуют дочь,
Она что-то во сне пробормочет,
Спи, родная, на улице ночь.

Засыпают и папа, и мама,
И дочурке давно надо спать,
Отдохни от дневного бедлама,
Примет нежно в объятья кровать.

Снятся дочке драконы и эльфы,
Облака и зеленый лесок,
Океаном омытые шельфы,
Золотистый на пляже песок.

Спать должны ночью дяди и тети,
Погрузился в ночь наш городок,
Снится, как на ковре-самолете,
Кто-то мчится в далекий чертог.

Спит уже моя доченька сладко,
Свет погашен и тихо кругом,
Ждет ее на столе шоколадка,
"Спи спокойно", услышит наш дом.

«Засыпай, уже свет небо гасит…»

Засыпай, уже свет небо гасит,

Дочке нашей пора в сказку снов,

Сон ее летней ночью раскрасит

Свет луны, звуки эльфьих балов.

Песню, слышишь, в траве свою где-то,

Запевает веселый сверчок,

В танце кружится девочка-лето,

И спешит по делам там жучок.

Засыпай, закрывай свои глазки,

Волшебство входит в детский твой сон,

Проведет он дорогами сказки,

Будет весел и красочен он.

Спит в кроватке послушная дочка,

Улыбаясь, что радует нас,

Сны прекрасные с феей цветочка,

Видит спящая дочка сейчас.

Шепчет ветер - "Спокойной всем ночи",

Шепчет ночь - "Поскорей засыпай",

Звезды просят сомкнуть крепче очи,

Баю-бай, баю-бай, баю-бай.

Предотпускная

Слушай, голос уж слышен дороги,
Надо нам перед трассой поспать,
Засыпай, засыпай без тревоги,
Ну-ка, доченька, быстро в кровать.
Рано утром машина помчится,
Вдоль дороги куда-то на юг,
В отпуск едем с тобой веселиться,
К горизонту, подальше от злюк.
Сны смотри ты о лесе и море,
Небе синем, зеленой траве,
О лягушек забавнейшем хоре,
И о мудрой огромной сове.
Дочка спит уже сладко и крепко,
Значит, взрослым пора тоже спать,
На пол падает дочкина кепка,
Звезды просят людей засыпать.
Спи, дитя мое, сладко, малышка,
Шепчет папа ей: "Дочь, засыпай",
Спит уже моя доченька-мышка,
Мама спит, баю-бай, баю-бай.

Доброй ночи

Спит листочек, спит трава,
Глазки спят и голова,
Спит и солнце, и вода,
Ветер дремлет иногда.
Спит в лесу под веткой еж,
Что ты, дочка, глазки трешь,
Спать пора тебе и мне,
Спать пора всей ребятне.
Звездочка с небес поет,
Скоро доченька уснет,
Глазки спят уже давно,
Ночь задернула окно.
Спи, малышка, засыпай,
Шепчет папа: "баю-бай",
Сказку ночь тебе несет,
Где волшебница живет.
Спят уж в море корабли,
Спит мышоночек в щели,
Фея снов тебя хранит,
"Доброй ночи" говорит.

«Закрываются глазки родные...»

Закрываются глазки родные,

День закончился, время нам спать,

Дочке снятся пусть сказки цветные,

Ждет тебя одеялко, кровать.

Примет доченьку нежно кроватка,

Одеялко обнимет ее,

Пусть заснет моя доченька сладко

И спокойно дитя спит мое.

Пусть дочурку в сон сказка уводит,

Не тревожит ничто ее сон,

Эльфы в сказку ее пусть проводят,

А кошмары мы выгоним вон.

Бой часов, дочка сладко заснула,

Мама папе твердит "засыпай",

Ночь луну в небесах нам надула,

"Спите, люди", поет, "баю-бай".

Когда разделяют дороги

Нас с тобой разделили дороги,
Километры ухоженных трасс,
Засыпай, засыпай без тревоги,
Сон тебе очень нужен сейчас.
Ты уснешь и уснет наша дочка,
Возвращение ближе на день...
Колыбельная пишется строчка,
Отгоняя тоски слезной тень.
Тебе снятся дороги степные,
А, быть может, и аэродром,
И цветы тебе снятся живые,
И деревья летят за окном.
Сладко спите, мои ангелочки,
Хоть вдали, но мы вместе сейчас,
Очень трудно нам поодиночке,
И тоскливо без вас мне подчас.
Сон придет и ко мне на рассвете,
Быстрый, краткий, но полный тепла,
Я за вас перед богом в ответе,
Новый день нам судьба принесла.
Спи, любимая, сон будет сниться,
О тепле, доброте... Засыпай...
День придет и исчезнут границы,
Сладко спи, баю-бай, баю-бай.

Спи, дочурка, баю-бай

Дочке спать уже пора,
Сказку принесли ветра,
Папа шепчет "засыпай",
Спи, дочурка, баю-бай.
Сон несет тебе покой,
Глазки ты свои закрой,
Папа шепчет "засыпай",
Спи, дочурка, баю-бай.
Ты устала, спи скорей,
Время спать для всех детей,
Папа шепчет "засыпай",
Спи, дочурка, баю-бай.
Завтра день придет другой,
Спать ложись, глаза закрой,
Папа шепчет "засыпай",
Спи, дочурка, баю-бай.
Ангел сон твой сбережет,
Он придет к тебе вот-вот,
Папа шепчет "засыпай",
Спи, дочурка, баю-бай.
Спит моя малышка-дочь,
Сказку навевает ночь,
Папа шепчет "засыпай",
Спи, дочурка, баю-бай.

Ночь приходит

Ночь приходит - пора нам в кроватку,

Ночь приходит - давно надо спать,

Ночь приходит - и сон-шоколадку,

Сладкий сон принесет нам в кровать.

Дочке снятся волшебные сказки,

Маме снится большой самолет,

Кошка грезит о тихой терраске,

Ну а папе - лишь в Киев полет.

И звучат песни нежные звуки,

Тихо-тихо, как шепот в ночи,

Гладят волосы мягкие руки,

И не спят лишь лесные сычи.

Спите сладко, спокойной вам ночи,

Тихо шепчет жена: "Засыпай,

Ожидание на день короче,

Дочка спит, спи и ты, баю-бай".

«Засыпай, дитя мое, глазки закрывай...»

Засыпай, дитя мое, глазки закрывай,
Пусть котенок в сне твоем скажет "баю-бай",
Засыпай спокойно дочь, день уже прошел,
К дочке, доченьке моей, сладкий сон пришел.
Засыпает детвора, спят твои друзья,
Проплывает по реке волшебства ладья,
Сказка на ночь сны неси, красочные сны,
Чтоб спало дитя мое сказки ей даны.
Засыпает в тишине ангелочек-дочь,
К ней ластится ветерок и целует ночь,
"Спи спокойно", голос мой в тишине звучит,
А у доченьки во сне - ручеек журчит...
Засыпай, дитя мое, глазки закрывай,
Одеялко вот твое, спи же, баю-бай...

« Спи, моя хорошая...»

Спи, моя хорошая,

Засыпай скорей,

Доченька подросшая,

Нет тебя родней.

Сон тебя уносит пусть,

В сказки глубину,

И не тронет дочку грусть,

Ночь прильнет к окну.

Засыпай скорее, дочь,

В доме нашем тишь,

До утра пусть шепчет ночь:

"Сладко спи, малыш".

Спи, дитя

Спи, дитя, усни, дитя,
Ночь пришла давно,
Засыпай же не грустя,
За окном темно...
Спи, моя малышка-дочь,
Колыбель качнет,
В черном платье тетя Ночь,
"Спи, дитя" шепнет.
Засыпай, дитя мое,
Уплывая в сон,
И забудь свое нытье,
Сладок будет он...
Кошка спит, собака спит,
Глазоньки сомкни,
Дочку песня усыпит,
Спи, дитя, усни...

Дочка, засыпай

Ночь приходит в гости к нам,

Дочка засыпай,

К людям, кошкам и мышам,

Дочка засыпай.

К шоферам, директорам,

Дочка засыпай,

Ночь бежит по куполам,

Дочка засыпай.

Сказку сон тебе несет,

Дочка засыпай,

Погляди, корабль плывет,

Дочка засыпай,

Маг тебя с собой зовет,

Дочка засыпай,

И дракон "привет" ревет,

Дочка засыпай.

Глазки карие сомкни,

Дочка засыпай,

Гаснут в комнате огни,

Дочка засыпай,

Отдохни от беготни,

Дочка засыпай,

Сон пришел, дитя, усни,

Дочка засыпай.

«Ночь пришла...»

Ночь пришла, спи, засыпай,
Глазки сонно закрывай,
Сказку дарит сон тебе,
О добре и о борьбе.
Спи, дитя мое, скорей,
Слышишь песни кобзарей?
Свет Луны разрежет ночь,
Спи спокойно, моя дочь.
Сладко спи, смотри свой сон,
Нежен, добр и сладок он,
Страх беды скорей забудь...
Ждет тебя твой сон, так в путь!

«Спи, дитя мое...»

Спи, дитя мое,
Сладко спи, малыш,
Звездное шитье,
И луны круглыш,
Защищает ночь,
Дарит чудеса,
Засыпает дочь,
Ждут ее леса.
Нежный шум ветвей:
Доча, засыпай,
Смолкнет соловей,
Баю-баю-бай...

Рождественская

Скрипки звуки доносятся тихо,

Дед Мороз поспешит к детворе,

И трещит за окошком шутиха,

День проходит в веселой игре.

Ночь придет темнотой и огнями,

И камин обогреет тебя,

Ветерок, поиграв с фонарями,

Унесется куда-то трубя.

И тебе спать пора, доброй ночи,

Глазки сонно с мордашки глядят,

Спать пора, закрывай, ну-ка очи,

Сон твой ангелы в небе хранят.

Тетя Ночь тебя нежно качает,

Смело в сон свой волшебный ступай,

Пусть ничто тебя не огорчает,

Спи, малышка, усни, баю-бай.

Новогодняя

Новый год зажигает огни,
На подушку себя урони,
Шепчет ночь: "засыпай, засыпай",
Льется песня: "дитя, баю-бай".
Дочке снятся волшебные сны,
Дружба, что не имеет цены,
Добротою наполнена ночь,
Ангел в небе хранит нашу дочь.
Сказок добрых цветной хоровод,
Принесет Дед Мороз в Новый Год,
И подарков огромный мешок,
За один только детский стишок.
Засыпает дитя в тишине,
Сон подкрался уже и ко мне,
Шепчет ночь: "засыпай, засыпай",
Льется песня: "дитя, баю-бай".

Мое дитя, моя душа

За окнами метет метель,

И снег ложится, как постель,

И засыпает не спеша,

Мое дитя, моя душа.

И снятся сказочные сны,

Их озаряет свет луны,

Что волшебство творит в ночи,

Ты облака пощекочи.

Дитя уснуло, спит семья,

Во сне - дракона чешуя,

Сияет в небе под луной,

Во сне летает ангел мой.

Пусть сон твой будет нежным, дочь,

Тебя укачивает ночь,

Спокойно, тихо засыпай,

Скажу тебе я: "баю-бай".

Февральская

За окном снег спокойно кружится,
Зимний вечер пришел в город мой,
Дочка наша уже спать ложится,
Добрых снов пожелав нам с тобой.

Сказки время пришло, приготовься
К путешествию в мир волшебства,
С Древом Эльфов ты там познакомься,
На Драконьи слетай Острова.

Пусть сон доченьку нежно качает,
На волнах доброты и тепла,
Пусть лишь добрых существ повстречает,
И не знает обиды и зла.

Сказка кончилась, дочь засыпает,
Ночь пришла, я шепну: "засыпай",
Город в белом снегу утопает,
Шепчет Ночь: "баю-бай, баю-бай".

Малышачья

Спи, детеныш маленький,
Спи, моя душа,
Спи, цветочек аленький...
Ночь для малыша.
Глазки закрываются,
Носик чуть сопит,
В сказку собираются...
Кто у нас не спит?
А в кроватке доченька,
Улыбаясь, спит,
Сон приносит ноченька,
Месяц в небе бдит.

Маленькой дочке

Маленькая дочка,
Засыпай скорей,
Сна желает ночка,
Сказка у дверей.
Засыпают глазки,
Носик засопел,
И приходят сказки,
И сверчок запел.
Ты во сне волшебном,
С эльфами болтай,
В озере целебном
Плавай и играй.
Собирай цветочки,
О дурном забудь,
Под покровом ночки,
Всех разбаламуть.
Пусть тебя дракоша
В небо унесет,
Волосы ероша,
Ветерок лизнет.
Засыпай, малышка,
Смело в сон вплывай,
Спит на полке книжка,
Баю, баю, бай.

Городская

День закончен, ночь пришла,

Спит листочек, спит скала,

Мышка в норке засыпай,

Мама скажет "баю-бай".

Солнце спать ушло, пора

Спать дочурке до утра,

Не крутись и не болтай,

Шепчет ветер "баю-бай".

Сон придет к тебе, малыш,

Свет погашен, ты уж спишь,

Сказку в сон скорей впускай,

Спи, родная, баю-бай.

Спит моя малышка-дочь,

Сказок сон плетет ей Ночь,

Спит троллейбус, спит трамвай,

Спит весь город, баю-бай.

Последняя

Время спать моей дочке приходит,
Сказку хочется ей в этот раз,
Колыбельных пора уж уходит,
И последнюю пишем сейчас.
Эти песни с любовью писались,
Спалось сладко чтоб дочке моей,
Чтоб кошмары прийти устрашались,
И чтоб песни лились кобзарей.
Засыпай, моя дочка, счастливо,
Время сказок приходит к тебе,
Потянись на прощанье сонливо,
В сказку ехать пора на арбе.
В сказках ждут тебя злые зверушки,
И драконы над замком кружат,
И играют с тобою игрушки,
И кричат тебе хором "виват".
Сон тебя уже ждет, не дождется,
Шепчет ночь - "засыпай, засыпай",
Сказки чудо тебе остается,
Звезды скажут тебе: "баю-бай".

Don't miss out!

Visit the website below and you can sign up to receive emails whenever Vladarg Delsat publishes a new book. There's no charge and no obligation.

https://books2read.com/r/B-A-JNYX-ILGIC

BOOKS2READ

Connecting independent readers to independent writers.

Did you love *Колыбельные дочкам и мамам*? Then you should read *Маленькая девочка*[1] by Vladarg Delsat!

Жизнь сироты непроста. Особенно если в дополнение к этому имеются редкие заболевания. Непростой путь от обвинений в симуляции до избиений. Смерть в такой ситуации, кажется избавлением. Жизнь продолжается в новом теле, с, казалось бы, старыми проблемами. Новая семья воспримет ли ее иначе? И даже есть «жених», как девочка называет своего приемного брата.Сможет ли Марьяна быть счастливой в новой жизни? Ведь она вновь больна... А значит столкнётся с тем же отношением. Или нет?

---

1. https://books2read.com/u/4X0q01

2. https://books2read.com/u/4X0q01

Also by Vladarg Delsat

Маленькая девочка
Маленькая девочка

Standalone
Мэйделе
Колыбельные дочкам и мамам